Kathrin Hannemann/Kirsten Scheibe/Heike Voß

Freundschaft, Liebe und Sexualität

11 Lernstationen für den Ethikunterricht

Herausgegeben von Andreas Ziemer

Die Autorinnen:
Kathrin Hannemann unterrichtet Ethik und Deutsch in Haupt- und Realschulklassen in Magdeburg, Sachsen-Anhalt.
Kirsten Scheibe unterrichtet evangelische Religion, Physik und Mathematik in Haupt- und Realschulklassen in Magdeburg, Sachsen-Anhalt.
Heike Voß unterrichtet evangelische Religion, Musik und Geschichte in Haupt-, Real- und Gymnasialklassen in Tangermünde und Stendal, Sachsen- Anhalt.

Der Herausgeber:
Andreas Ziemer ist Schulpfarrer und arbeitet seit 2002 als Dozent am Pädagogisch-Theologischen Institut der Evangelischen Kirche in Mitteldeutschland und der Evangelischen Kirche Anhalts mit den Arbeitsschwerpunkten Theologie und Religionspädagogik in der Lehrerfort- und Weiterbildung, Werkstatt- und Lernstraßenarbeit, eLearning und neue Medien.

Gedruckt auf umweltbewusst gefertigtem, chlorfrei gebleichtem und alterungsbeständigem Papier.

4. Auflage 2019
© 2011 PERSEN Verlag, Hamburg
AAP Lehrerfachverlage GmbH
Alle Rechte vorbehalten.

Das Werk als Ganzes sowie in seinen Teilen unterliegt dem deutschen Urheberrecht. Der Erwerber des Werkes ist berechtigt, das Werk als Ganzes oder in seinen Teilen für den eigenen Gebrauch und den Einsatz im Unterricht zu nutzen. Die Nutzung ist nur für den genannten Zweck gestattet, nicht jedoch für einen weiteren kommerziellen Gebrauch, für die Weiterleitung an Dritte oder für die Veröffentlichung im Internet oder in Intranets. Eine über den genannten Zweck hinausgehende Nutzung bedarf in jedem Fall der vorherigen schriftlichen Zustimmung des Verlages.

Sind Internetadressen in diesem Werk angegeben, wurden diese vom Verlag sorgfältig geprüft. Da wir auf die externen Seiten weder inhaltliche noch gestalterische Einflussmöglichkeiten haben, können wir nicht garantieren, dass die Inhalte zu einem späteren Zeitpunkt noch dieselben sind wie zum Zeitpunkt der Drucklegung. Der Persen Verlag übernimmt deshalb keine Gewähr für die Aktualität und den Inhalt dieser Internetseiten oder solcher, die mit ihnen verlinkt sind, und schließt jegliche Haftung aus.

Satz: Satzpunkt Ursula Ewert GmbH

ISBN 978-3-8344-**3038**-0
www.persen.de

Inhaltsverzeichnis

Einführung 4

Stationen im Überblick 6

Hinweise zu einzelnen Stationen 7

Checkliste *(Schüler/-innen)* 8

Regeln für die Stationenarbeit 9

Stationen

    Station 1: Bin ich schön? 10

    Station 2: Typisch Mädchen, typisch Junge? 11

    Station 3: Wie sag ich's? 13

    Station 4: Du riechst so gut, wo steht dein Bett? 14

    Station 5: Wo wohnt die Lust? 15

    Station 6: Wie ist das mit dem „ersten Mal"? 18

    Station 7: Pille, Kondom ... sonst noch was? 20

    Station 8: Schwanger! Was nun? 21

    Station 9: Kann denn Liebe Sünde sein? 24

    Station 10: Kann aus Liebe Freundschaft werden? 26

    Station 11: Für immer glücklich? 27

Liebestest 29

Bild- und Textquellennachweis 30

Einführung

Fühlst du das auch?

Eine Stationenarbeit zu Freundschaft, Liebe und Sexualität für den Ethik- und Religionsunterricht des 8.–10. Schuljahres der Haupt- und Realschule.

Folgt man einem erfahrungsorientierten Ansatz, dann ist festzustellen, dass für die Schülerinnen und Schüler der Haupt- und Realschulen die sexuellen Erstbegegnungen immer früher einsetzen, dass junge Menschen heute in einer scheinbar tabulosen Konsum- und Medienwelt aufwachsen und dass vertrauliche Gesprächssituationen immer weniger möglich sind.

Darüber hinaus kann die Frage nach dem, was Menschsein ausmacht, ohne diesen Themenkomplex nicht kompetent beantwortet werden, denn junge Menschen lernen in der Begegnung mit dem anderen Geschlecht ihre Sexualität als Teil der eigenen Persönlichkeit kennen. Gleichzeitig entstehen hier die Problemfelder, die sich bei dem Versuch einer Beantwortung auf die Frage nach der eigenen Identität ergeben.

Deshalb ist in allen bundesdeutschen Rahmenrichtlinien und Lehrplänen der Sekundarstufe I das Thema *Freundschaft, Liebe und Sexualität* fester Bestandteil des Ethik- und Religionsunterrichts.

Ziel dieser Stationenarbeit ist es, den Erfahrungen der Schülerinnen und Schüler Raum zu geben, sodass eine Reflexion des selbst Erlebten möglich wird, vorhandenes Wissen erweitert werden kann, Kriterien für gelingende Partnerschaften entwickelt und neue Perspektiven auf die eigene Person möglich werden. Die im Einzelfall notwendige Zusammenarbeit von Seelsorge und Schulsozialarbeit kann dadurch jedoch nicht ersetzt werden.

Kompetenzorientierung

Für die Fächergruppe Biologie, Sozialkunde, Deutsch, Ethik und Religion liegt mit diesem Unterrichtsmaterial ein kompetenzorientiertes Instrument vor, das konsequent von den Erfahrungen von Schülerinnen und Schülern an Haupt- und Realschulen ausgeht und ihre gegenwärtigen und zukünftigen Bedürfnisse und Aufgaben im Bereich Partnerschaft in den Blick nimmt.

Aufgaben und Materialien

Das Material setzt mit jeder Station in fiktiven, aber realitätsnahen Situationen ein und bindet weiterführende Texte, Bilder und Aufgabenstellungen eng an den Ausgangsimpuls. Umgekehrt fordert die Aufgabenstruktur die Ausbildung von Beurteilungs- und Gestaltungskompetenzen, die das rein fiktionale Moment überschreiten.

Die Arbeitsaufträge sind im Singular für die individuelle Arbeit formuliert. Darüber hinaus bietet die Stationenarbeit die Möglichkeit, dass die Schülerinnen und Schüler ihre Erfahrungen gemeinsam in Partner- oder Kleingruppenarbeit reflektieren und ihr Wissen selbstständig erweitern.

Planung von Unterricht

Das Material umfasst 11 Stationen, die in jeweils 45 Minuten bearbeitet werden können. Die Stationen 8 und 10 benötigen 90 Minuten. Die Stationen sind in sich geschlossen und frei miteinander kombinierbar. So können sowohl Unterrichtssequenzen als auch einzelne Stunden geplant und gestaltet werden.

Einführung

Die Materialien sind eng mit den Aufgabenstellungen verzahnt und selbsterklärend angelegt. Die Tätigkeitsbereiche der Lehrerin bzw. des Lehrers beschränken sich auf Vorbereitung (Materialaufarbeitung, Kopien etc.), Moderation und Beurteilung. Ausgewählte Arbeitsprozesse benötigen darüber hinaus „Expertenauskünfte", die von der Lehrkraft geleistet werden können.
Der Umfang der Stationen fordert eine Eingrenzung in verbindliche und fakultative Themen. Die **Checkliste** (S. 8) bietet dafür einen Vorschlag.

Die Schülerinnen und Schüler arbeiten in geschlechtsspezifischen Teams bis zu vier Personen. Innerhalb des Teams einigen sich die Schülerinnen und Schüler auf gemeinsame Wahlstationen, kontrollieren ihre Arbeiten gegenseitig und kommen, wo gefordert, immer wieder in Diskussionsrunden und zu gemeinsamen Arbeitsprozessen zusammen.

Die Ergebnisse werden von den Schülerinnen und Schülern in einem Ordner oder Heft festgehalten.

Regeln für die Stationenarbeit

Diese Regeln (Vorschlag S. 9) müssen zu Beginn der Stationenarbeit erschlossen und mit allen Schülerinnen und Schülern fest vereinbart werden. Sie sollten in geeigneter Form (z. B. Poster) den gesamten Arbeitszeitraum über präsent sein.

Lerndiagnostische Vorschläge

Zur Lernstandserhebung kann das Arbeitsblatt *Liebestest* (S. 29) mit dem Gemälde *Am Strand* von Walter Womacka herangezogen werden. Eine systematische Auswertung des Begründungshorizonts zu Beginn und zum Ende der Unterrichtssequenz kann die Kompetenzausbildung der Schülerinnen und Schüler zum jeweiligen Zeitpunkt erfassen und die individuellen Lernprozesse abbilden.

Innerhalb des Begründungshorizonts der Schülerinnen und Schüler bieten die Verwendung externer Informationen, die Bezugnahme auf das Bild, das Einbringen eigener Erfahrungen und unterschiedlicher Beurteilungsansätze ein Raster, das zur Erschließung dienen kann.

Hintergrundinformationen zu Walter Womacka, Am Strand finden sich unter
http://www.walter-womacka.de (10.12.2009).

Die Stationen im Überblick

Station	Thema	Materialien
1	Bin ich schön?	M 1.1: Keine Chance für Lisa M 1.2: Lisa probiert M 1.3: Schönheitsideale der Vergangenheit
2	Typisch Mädchen, typisch Junge?	M 2.1: Männer und Bräute M 2.2: Anruf beim Sorgentelefon
3	Wie sag ich's?	M 3.1: Unter Freunden
4	Du riechst so gut, wo steht dein Bett?	M 4.1: Es gefiel ihr, wenn ich an ihrer Haut roch (Auszug aus: Christoph Meckel, *Licht*)
5	Wo wohnt die Lust?	M 5.1: Die Empfindsamkeit des Mannes M 5.2: Die Sensibilität der Frau
6	Wie ist das mit dem „ersten Mal"?	M 6.1: Das erste Mal M 6.2: Laras „erstes Mal" M 6.3: Jugendliche äußern sich zum „ersten Mal" M 6.4: Aus einem Liebeslexikon
7	Pille, Kondom … sonst noch was?	M 7.1: Sich mit Verhütung auskennen M 7.2: Die Angst vorm Frauenarzt M 7.3: Sichere Verhütungsmethoden
8	Schwanger! Was nun?	M 8.1: Das Testergebnis M 8.2: Rechtliche Regelungen M 8.3: Schwangerschaftskonfliktberatung M 8.4: Eva Strittmatter, *Interruptio*
9	Kann denn Liebe Sünde sein?	M 9.1: „Passiert" ist nichts M 9.2. Gesetzliche Regelungen M 9.3: … spürt sie eine Hand zwischen ihren Schenkeln M 9.4: Sexuelle Belästigung und sexueller Missbrauch
10	Kann aus Liebe Freundschaft werden?	M 10.1: Es ist aus
11	Für immer glücklich?	M 11.1: Wer von euch ohne Schuld ist M 11.2: Theobald Tiger, *Danach*

Hinweise zu einzelnen Stationen

Station 2: Typisch Mädchen, typisch Junge?

Die Lösung der 4. Aufgabe erfordert Einführung und Übung im Umgang mit der Methode „Schreibgespräch".
Eine Erläuterung dazu findet sich unter http://wiki.zum.de/Schreibgespr%C3%A4ch (10.12.2009). Alternativ kann der Austausch auch in einem Kleingruppengespräch geführt werden. Die Ergebnisse müssen dann in einem Protokoll festgehalten werden.

Station 4: Du riechst so gut, wo steht dein Bett?

Für die Duft-Bar sind Frischhaltetüten und Schnipsgummi bzw. Schraubgläser mit Deckel bereitzuhalten.

Station 5: Wo wohnt die Lust?

Die geschlechtsspezifischen Arbeitsmaterialien und -aufträge verschieben den Wahrnehmungsfokus der Schülerinnen und Schüler. Neben den Aspekten des gegenseitigen Respekts und der Anerkennung der Würde des anderen Geschlechts legt dieses Kapitel Wert auf den reformationstheologischen Ansatz der Anerkennung des eigenen Menschseins vor aller Leistungsgerechtigkeit. Die Frage nach gelingender Sexualität erweitert sich im Horizont der lutherischen Rechtfertigungslehre zu einer Frage nach dem geglückten Leben.

Station 7: Pille, Kondom ... sonst noch was?

Zu den freiverkäuflichen Mitteln in Apotheke und Drogerie gehören Kondome, Schaumzäpfchen und Anti-Spermien-Gele. Kostenlose Informationsmaterialien für die Schülerinnen und Schüler gibt es bei der Bundeszentrale für gesundheitliche Aufklärung: http://www.bzga.de (10.12.2009).

Station 8: Schwanger! Was nun?

Diese umfangreiche Station benötigt ca. 90 Minuten und kann u. U. geteilt werden. Zur Arbeit mit dem Gedicht müssen ausreichend Kopien vorhanden sein.

Station 9: Kann denn Liebe Sünde sein?

Weiterführende Texte finden sich unter http://dejure.org/gesetze/StGB/174a.html (12.10.2009).
Die Lösung der 6. Aufgabe erfordert Einführung und Übung im Umgang mit der Mindmap. Eine Erläuterung dazu findet sich unter http://wiki.zum.de/Mind_Map (10.12.2009). Alternativ können die Ergebnisse des Gesprächs auch in einem Protokoll festgehalten werden.

Station 10: Kann aus Liebe Freundschaft werden?

Diese Station erfordert einen erhöhten Zeitaufwand. Zur Lösung der Gestaltungsaufgaben (4.–6. Aufgabe) muss die Verwendung von Handys und MP3-Playern geklärt werden.

Checkliste

Fühlst du das auch?

Eine Stationenarbeit zu Freundschaft, Liebe und Sexualität

Name: Klasse:

Mein Team:

PFLICHTTHEMEN (Diese Themen müssen in den ersten Stunden bearbeitet werden.)

Station	Thema	Erledigt/Datum	Kontrolliert von
2	Typisch Mädchen, typisch Junge?		
4	Du riechst so gut, wo steht dein Bett?		
8	Schwanger! Was nun?		
10	Kann aus Liebe Freundschaft werden?		

WAHLTHEMEN (Sucht euch zusätzlich drei der folgenden Themen aus.)

Station	Thema	Erledigt/Datum	Kontrolliert von
1	Bin ich schön?		
3	Wie sag ich's?		
5	Wo wohnt die Lust?		
6	Wie ist das mit dem „ersten Mal"?		
7	Pille, Kondom … sonst noch was?		
9	Kann denn Liebe Sünde sein?		
11	Für immer glücklich?		

Regeln für die Stationenarbeit

① Bringe zu jeder Station Hefter, Stifte und alles, was du sonst noch benötigst, mit. Du bist für deine Materialien selbst verantwortlich!

② Beginne jede Station, indem du die Überschrift und die Nummer der Station in deinen Hefter überträgst.

③ Achte auf eine korrekt ausgefüllte Checkliste. Lasse sie von deinen Teammitgliedern kontrollieren.

④ Du musst alle vier Pflichtthemen bearbeiten!

⑤ Aus den Wahlthemen wählt jedes Team drei Themen aus. Welche Themen gewählt werden, entscheidet das Team.

⑥ Ein neues Thema darf erst begonnen werden, wenn das Vorige abgeschlossen wurde.

⑦ 5 Minuten vor dem Ende der Stunde wird aufgeräumt und alle Materialien werden an den vorgesehenen Plätzen gesammelt.

Station 1: Bin ich schön?

M 1.1: Keine Chance für Lisa

Lisa mag Christoph sehr. Er ist groß und sportlich. Seine Klamotten sind cool. Wenn er sie doch nur einmal bemerken würde. Aber da ist Sabrina mit ihrer schwarzen Mähne und ihrer tollen Figur. Keine Chance für Lisa. Am Abend schreibt sie an Marie, die sie über schülerVZ kennengelernt hat. Marie will nach der 10. Klasse Kosmetikerin oder Nageldesignerin werden.

„Hi Marie, was kann ich tun, dass er auf mich aufmerksam wird?"

Kurze Zeit später antwortet Marie: ...

1. Schreibe fünf Tipps auf, die Marie ihrer Freundin mit auf den Weg geben könnte.

M 1.2: Lisa probiert

Lisa probiert einige der Tipps aus. Sie betrachtet sich im Spiegel, einiges findet sie überzeugend, bei anderen Vorschlägen fühlt sie sich unwohl. Christoph reagiert jedoch gar nicht auf ihre Veränderungen. Sein Blick gilt nur Sabrina und dem Handball.

Lisa fragt sich: ...

2. Schreibe mehrere Gedanken auf, die Lisa durch den Kopf gehen könnten.

M 1.3: Schönheitsideale der Vergangenheit

Peter Paul Rubens: Ankunft der Maria de' Medici in Marseille (Detail), um 1622–1625

Petrus Christus: Bildnis einer jungen Dame, ca. 1450

3. Die Abbildungen zeigen Schönheitsideale einer vergangenen Zeit. Vergleiche beide Bilder und nenne Merkmale dieser Schönheitsideale.

4. Finde Merkmale von Schönheit unserer Zeit und gestalte nach diesen Kriterien eine Collage.

5. Diskutiert miteinander, was einen Menschen außerdem schön und liebenswert macht und ergänzt eure Collagen.

 **Typisch Mädchen, typisch Junge?**

M 2.1: Männer und Bräute

Bernd und Balti stehen an der Bar in der Disco. Da sie „echte Männer" sind, trinken sie mehrere Schnäpse und unterhalten sich über ihre „Bräute". Die sind mal wieder zu zweit aufs Klo.
„Wie lange dauert das denn …?", fragt Bernd. „Na, du weißt doch, die schminken sich doch wieder ewig!", antwortet Balti. Während sie sich unterhalten, checken sie die Damenwelt auf der Tanzfläche. „Guck mal, was die für 'nen fetten A… hat!" „Na, und deren T… sind ja wohl auch zu klein!" „Aber vielleicht kann die gut kochen und sonst noch was … Wozu sollste die Weiber auch sonst gebrauchen?!" Wenn das ihre Freundinnen hören würden …
Nachher wird es bestimmt wieder Streit geben, wer nach Hause fährt. Gut, die Jungs haben getrunken, aber ihre „Püppchen" verstehen doch eh' nix vom Autofahren. Frauen fehlt ja sowieso jedes technische Verständnis! Und dann wird es wieder eng im Auto werden, weil die Damen ja immer riesige Handtaschen mit sich rumschleppen.
Morgen wollen Bernd und Balti zum Fußballgucken, aber ohne die Mädels, denn dann stellen die wenigstens nicht immer so doofe Fragen nach Abseits und so …

1. **Zeichne jeweils ein charakteristisches Symbol für Männer und Frauen.**

2. **Suche typische Aussagen über Männer und Frauen aus dem Text und ordne sie deinen Zeichnungen zu.**

3. **Schreibe weitere Aussagen auf, die als typisch weiblich oder typisch männlich gelten!**

4. **Führe mit deinen Teammitgliedern ein stummes Schreibgespräch. „Diskutiert", mit welchen Eigenschaften Frauen und Männer tatsächlich beschrieben werden können. Notiert anschließend eure Top 5!**

Station 2: Typisch Mädchen, typisch Junge?

M 2.2: Anruf beim Sorgentelefon

Erster Anruf

„Hallo ... ich bin ... nee, meinen Namen sag ich nicht ... also, ich bin 16 Jahre alt. Ich finde einen Jungen aus meiner Parallelklasse total toll ... nur, das Problem ist, ich bin selber ein Junge. Bin ich schwul oder was ...? Bitte gebt mir einen Rat!"

Zweiter Anruf

„Hallo, hier ist Frieda, ich bin 15. Ich fühle mich total komisch ... hoffentlich bin ich noch normal. Neulich waren meine Eltern weg. Ich hatte also sturmfreie Bude. Da kam abends noch so ein Film, da haben sich zwei Frauen wie wild geknutscht und noch mehr... naja, das hat mich eben total erregt. Bin ich jetzt lesbisch ...? Bitte helft mir!"

1. Informiere dich über „Homosexualität" und die Begriffe „schwul" und „lesbisch". Erstelle anschließend einen Lexikonartikel, in dem diese drei Begriffe erklärt werden.

2. Stell dir vor, du hast Dienst am Sorgentelefon.
   Entwirf ein Minihörspiel oder ein Rollenspiel, in dem du den beiden Anrufern antwortest!
   Wichtig: Antworte den Anrufern so, dass sie nicht verletzt oder diskriminiert werden.

Station 3 — Wie sag ich's?

M 3.1: Unter Freunden

Carola und Heike sind beste Freundinnen. Zusammen stehen sie bei einer Party im Bad vor dem Spiegel. Heike zupft an ihrem Haar: „Hast du Ronny gesehen? Der ist einfach süß, oder? Hm, der sieht schon nicht schlecht aus. Ich trau mich aber nicht, ihn anzusprechen, was soll ich denn da sagen? Wie hast du das denn mit Mario angestellt?"

„Also, ich hab …

Im gleichen Augenblick treffen sich Mario und Ronny vor dem Kühlschrank.

„Noch 'ne Cola?"

„Danke! Hast du die Kleine gesehen, die heute mit Carola hier ist? Hat die einen Typen? Wie komm ich an die ran?"

„Also, ich würde das so machen …"

1. **Versetz dich in die Rolle von Carola oder Mario und gib mindestens drei Tipps zum Kennenlernen, um deiner Freundin oder deinem Freund zu helfen.**

2. **In unserer Sprache gibt es viele Wortbilder für das Verliebtsein, z. B. Liebe macht blind.**

   a. Notiere drei weitere Wortbilder und erläutere sie in ganzen Sätzen.

   b. Gestalte einen Liebesbrief und verwende darin deine drei Wortbilder.

3. **Stell dir vor, du bist in jemanden verliebt und hast es ihm/ihr gesagt, aber deine Liebe wird nicht erwidert.**
   Beschreibe diese Gefühle, indem du einen Tagebucheintrag schreibst oder ein Bild gestaltest.

4. **Du dachtest, eure Liebe wäre etwas ganz Großes, doch nun ist es aus, einfach so. Überlege, welcher Song in diese Situation einfach gut passt. Begründe deine Entscheidung schriftlich.**

 **Du riechst so gut, wo steht dein Bett?**

M 4.1: Es gefiel ihr, wenn ich an ihrer Haut roch

„… ich überlegte, ob Dole in meiner Wohnung gewesen sei, und dort eine Weile geraucht und geschlafen, vielleicht eine Nacht in meinem Bett verbracht habe, nackt auf dem Bauch, sodass ihr Geruch in den Tüchern war, wenn ich zurückkam.

Ihr Geruch wechselte mit der Jahreszeit, in manchen Nächten roch sie nach Laub und Honig. Sie überfiel mich mit verschiedenen Parfüms und wollte wissen, welches das richtige sei, für meine Nase sowohl wie für ihre Haut. Sie duftete nach Nüssen und Wein, nach Ambra und Cola, unbestimmbarer Tropik. Sie roch am besten, wenn sie nicht parfümiert war, ein Duft von frischem Brot auf Bauch und Schenkeln.

Als wir in einem Steakhouse gegessen hatten, ihr Haar in der Nacht nach Braten roch und ich so leichtsinnig war, ihr das noch zu sagen, ließ sie mich nicht in ihre Nähe, bis sie, nachts noch, die Haare gewaschen hatte. Es gefiel ihr, wenn ich an ihrer Haut roch, und sie konnte enttäuscht, erstaunlich beunruhigt sein, wenn ich es unterließ."

aus: Christoph Meckel, Licht

1. **Notiere die Gerüche, die der Autor beschreibt.**

2. **Finde weitere Redewendungen zu Düften und Gerüchen.**

3. **Sammle Stichwörter zu natürlichen Gerüchen, die angenehme Erinnerungen bei dir auslösen.**

4. **Gestalte zu Christoph Meckels Erzählung eine Duft-Bar. Sammle dazu verschiedene Gerüche in Plastiktüten oder Schraubgläsern.**

5. **Diskutiere mit deinen Teammitgliedern, mit welchen Gerüchen ihr euch umgeben würdet, um euren Partner oder eure Partnerin zu beeindrucken.**

 **Wo wohnt die Lust?**

M 5.1: Die Empfindsamkeit des Mannes

Der Mensch ist am ganzen Körper sexuell empfindsam. Der Mund, die Ohren, die Haut, sie alle nehmen sexuelle Botschaften wahr und leiten sie an das Gehirn weiter. Die empfindlichsten Punkte der Männer liegen an der Spitze des Penis und an den Hoden.

Der Penis ist ein sehr zweiseitiges Werkzeug der Lust. Wenn er entspannt und schlaff ist, ist er sehr empfindsam und jede Gewalt sorgt für Schmerzen. Ist der Penis hart und steif, schwindet seine Sensibilität. Dann kann er hart angefasst werden, ja, er kann sogar Schmerzen an den empfindlichen weiblichen Geschlechtsorganen verursachen.

Der Penis ist aus drei Schwellkörpern aufgebaut. Wenn diese sich mit Blut füllen, wird er steif und richtet sich auf. Das Aufrichten kann von den Jungen nicht willentlich gesteuert werden. Eine attraktive Frau, ein erotischer Gedanke, eine flüchtige Berührung, sogar ein nächtlicher Traum können dafür sorgen, dass sich der Penis aufrichtet, sogar gegen den Willen seines Besitzers.

Die Eichel an der Spitze des Penis ist besonders empfindsam. Dort sitzen Hunderte von Nervenzellen. Diese Nervenzellen messen den Grad der Erregung. Wird ein bestimmter Grad der Erregung, der Orgasmus, erreicht, wird das Ejakulationszentrum im Rückenmark benachrichtigt. Der Samen ergießt sich.

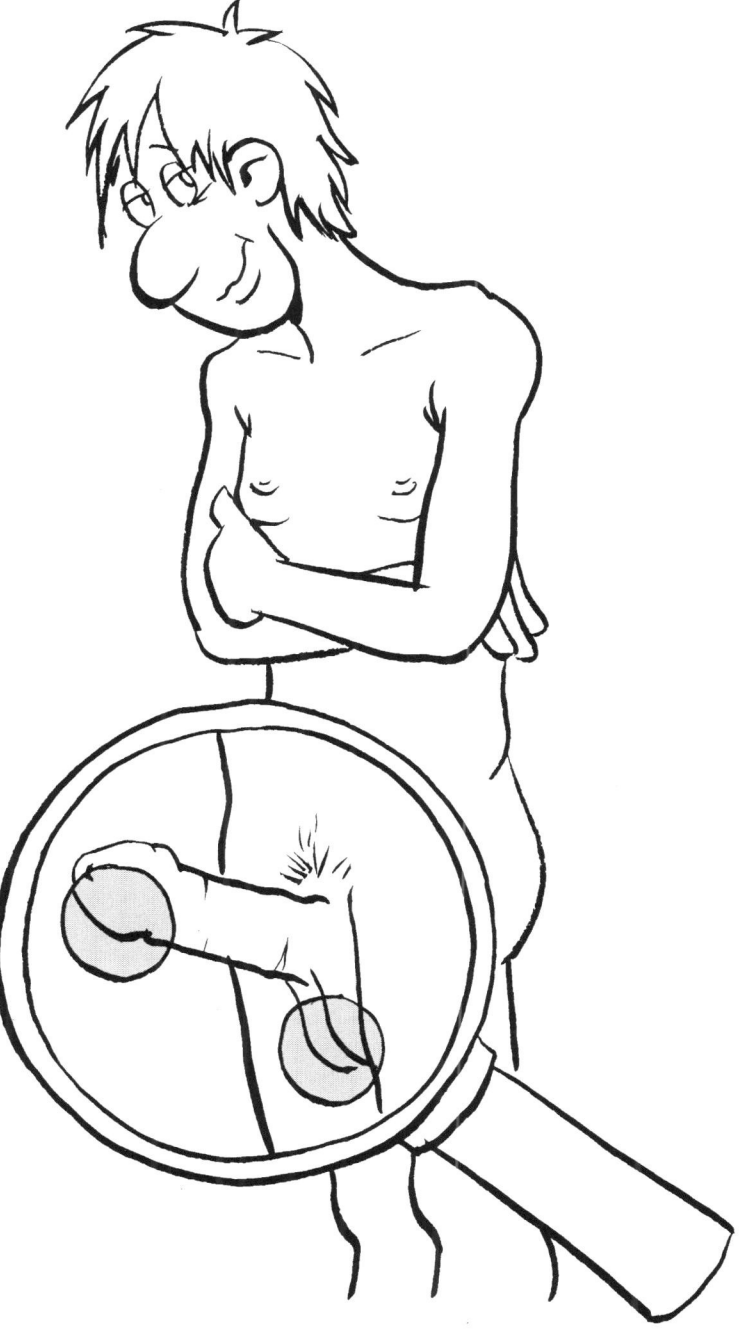

Station 5 — Wo wohnt die Lust?

M 5.2: Die Sensibilität der Frau

Die weiblichen Geschlechtsorgane sind von außen kaum zu sehen. Ein schmaler Schlitz ist von zwei Schamlippen umgeben.

An der oberen Seite des Scheideneingangs befindet sich die Klitoris. Dieser „Sensor der Lust" ist klein, aber für sensible Berührungen sehr empfindlich. Hier kann bei vorsichtiger Berührung Lust entstehen oder bei Grobheit verhindert werden.

Die Scheide ist ein kräftiger, flexibler Schlauch, der ca. 8 bis 10 cm lang ist. Der vordere Bereich ist gefühlsempfindsam. Dort befinden sich auch spezielle Drüsen, die bei sexueller Erregung einen Gleitfilm abgeben. Der Penis kann so leichter hineingleiten. Die Verformbarkeit der Vagina führt dazu, dass sie sich eng um den Penis schmiegt, sowohl in der Tiefe als auch in der Breite. Kein Penis ist deshalb zu klein oder zu dünn.

Der Eingang zur Vagina ist bei Mädchen durch das Jungfernhäutchen (Hymen) verschlossen. Das Blut der Monatsregel kann von innen nach außen abfließen, Keime können aber nicht von außen nach innen eindringen. Beim ersten Geschlechtsverkehr reißt das Hymen und wird zerstört.

Die G-Zone soll eine sehr empfindliche Zone in der Vagina sein. Die Berührung dieser Zone soll zu einer hohen sexuellen Erregbarkeit führen. Wissenschaftlich konnte diese Zone bis heute nicht nachgewiesen werden.

Die Brust gilt als Kennzeichen der Weiblichkeit überhaupt. Sie steht für Erotik und Fruchtbarkeit. Brust und Busen ist nicht dasselbe. Als Busen bezeichnet man die Vertiefung zwischen den Brüsten.

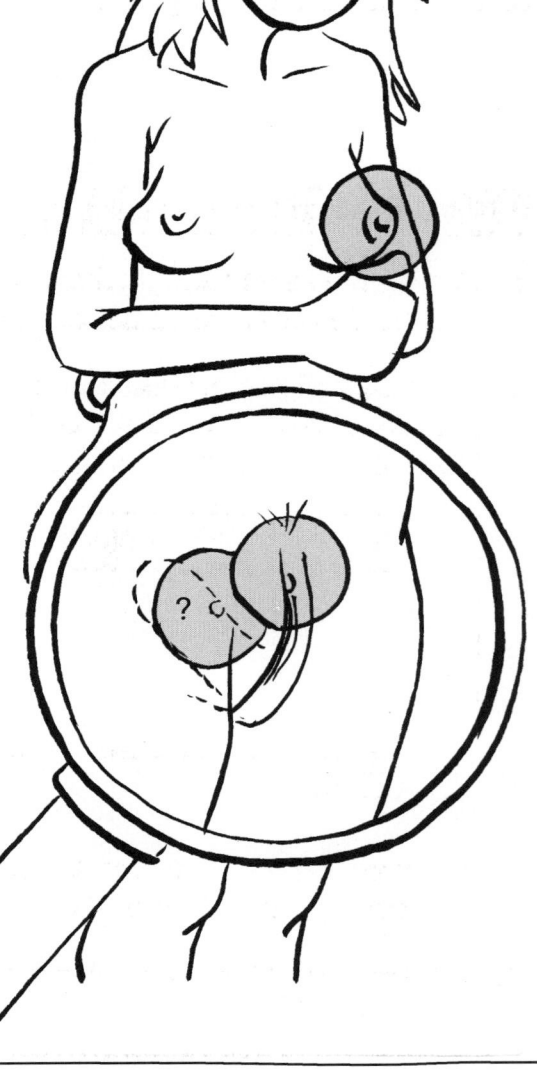

 **Wo wohnt die Lust?**

Für Jungen

1. Beschreibe den Aufbau des weiblichen Geschlechtsorgans mit eigenen Worten. Verwende dazu die Fachbegriffe des Textes.

2. Schreibe alle Bezeichnungen für die weiblichen Geschlechtsorgane auf, die du kennst. Übertrage dafür die Tabelle in deinen Hefter.
Du kannst die Begriffe auch doppelt zuordnen.

Erniedrigende Bezeichnungen	Liebevolle Bezeichnungen
•	• ...
	•
	•

3. Mit welchen Worten sollen Mädchen respektvoll über deine Geschlechtsorgane sprechen?

4. Erläutere, was die Verwendung der unterschiedlichen Bezeichnungen über das Verhältnis zwischen Sex und Liebe erzählt.

5. Zeichne eine Liebesgeschichte, die die Gefühle beider Partner respektiert.

Für Mädchen

1. Beschreibe den Aufbau des männlichen Geschlechtsorgans mit eigenen Worten. Verwende dazu die Fachbegriffe des Textes.

2. Schreibe alle Bezeichnungen für die männlichen Geschlechtsorgane auf, die du kennst. Übertrage dafür die Tabelle in deinen Hefter.
Du kannst die Begriffe auch doppelt zuordnen.

Erniedrigende Bezeichnungen	Liebevolle Bezeichnungen
• ...	• ...
•	•
•	•

3. Mit welchen Worten sollen Jungen respektvoll über deine Geschlechtsorgane sprechen?

4. Erläutere, was die Verwendung der unterschiedlichen Bezeichnungen über das Verhältnis zwischen Sex und Liebe erzählt.

5. Zeichne eine Liebesgeschichte, die die Gefühle beider Partner respektiert.

 **Wie ist das mit dem „ersten Mal"?**

M 6.1: Das erste Mal

Im Leben gibt es das öfter, das erste Mal, zum ersten Mal auf Schlittschuhen stehen, zum ersten Mal vor fremden Menschen etwas vortragen, zum ersten Mal vom Dreimeterbrett springen, zum ersten Mal fliegen, den ersten Kuss bekommen und zum ersten Mal intim werden. Aber auch danach gibt es immer wieder Situationen, in denen weiche Knie und Herzklopfen dazugehören.

1. **Schreibe deine eigene „Geschichte vom ersten Mal" auf.**

2. **Diskutiere im Team den Zusammenhang zwischen dem Sprichwort:**

    „Es ist noch kein Meister vom Himmel gefallen."

   und euren „Geschichten vom ersten Mal."

M 6.2: Laras „erstes Mal"

Tina weiß, dass Lara sehr locker im Umgang mit Jungen ist. Sie hat schon mit mehreren Jungen geschlafen. Einmal hat sie Tina davon erzählt: Ihr erstes Mal sei im Stadtpark gewesen. Mit ihrer Clique saßen sie auf der Wiese, Colaflaschen machten die Runde und kleine Feiglinge. Im Laufe des Nachmittags wurde man immer lockerer. Nicolas umarmte Lara, streichelte sie, flüsterte ihr ins Ohr, dass er total heiß auf sie sei. Er zog sie aus dem Blickfeld der anderen und verschwand mit ihr hinter einem Gebüsch. Lara sah die anderen nicht mehr, aber sie hörte sie, und sie wollte keine Spielverderberin sein.
„Manchmal", sagt Lara, „träume ich davon, noch Jungfrau zu sein."

3. **Warum möchte Lara manchmal noch Jungfrau sein? Schreibe einen Tagebucheintrag aus ihrer Sicht** *(Laras Tagebuch, Teil 1)*.

 **Wie ist das mit dem „ersten Mal"?**

M 6.3: Jugendliche äußern sich zum „ersten Mal":

> Er hat mich überredet. Ich wollte es gar nicht, aber ich wollte mitreden können.
> *(Mareike, 14)*

> Wenn man zum Beispiel solche Zeitschriften liest, da muss das so sein, und dann wartet man richtig drauf, und wenn das dann nicht eintritt, dann ist man total fertig.
> *(Christian, 16)*

> Ich habe versucht, sie zu überreden, aber eigentlich war mir wichtig, dass beide das wollen.
> *(Robert, 16)*

> Der Gedanke zu wissen, wie es ist, reizt mich schon. Aber das ist doch kein Grund, mit jemandem zu schlafen.
> *(Katharina, 15)*

> Beim ersten Mal sollte man nichts überstürzen, sondern sich Zeit lassen.
> *(Thomas, 16)*

> Ich war ziemlich nervös. Und dann war es auch schnell vorbei. Es war nicht so doll.
> *(Tom, 15)*

> Mein Freund ist nicht wirklich darauf eingestiegen, was mir gefallen könnte, sondern es war eher so, dass er sich dabei befriedigen konnte.
> *(Teresa, 15)*

> Danach haben wir eine Stunde darüber geredet. Dann haben wir es einfach noch einmal gemacht und es war ziemlich geil.
> *(Max, 16)*

4. **Gib Gedanken und Gefühle der Jugendlichen zum „ersten Mal" mit eigenen Worten wieder.**

5. **Kann man das „erste Mal" planen? Begründe deine Antwort.**

M 6.4: Aus einem Liebeslexikon

Bei Mädchen ist der Scheideneingang durch einen dehnbaren Hautring, dem Jungfernhäutchen (Hymen) teilweise verschlossen. Beim ersten Geschlechtsverkehr wird das Jungfernhäutchen meist vom männlichen Glied durchstoßen. Das kann wehtun und auch etwas bluten. Ein Schmerz, der im Allgemeinen schnell vergeht, wenn der Partner einfühlsam und sanft genug ist.
Die Scheide eines jungen Mädchens kann auch noch ziemlich eng sein und muss sich erst an das Eindringen des männlichen Gliedes gewöhnen. Auch das kann während der ersten Male unangenehm sein.
Auf keinen Fall ist am „ersten Mal" abzulesen, ob man eine gute Liebhaberin ist.

Bei Jungen kann das „erste Mal" ebenfalls schmerzhaft sein. Bei Vorhautverengung (Phimose) ist das Zurückziehen der Vorhaut unangenehm und kann sogar zu leichten Blutungen führen. Viele Jungen empfinden es als peinlich, wenn ihr Penis im entscheidenden Moment nicht so reagiert, wie sie es erwarten. Jede liebevolle Partnerin wird durch Einfühlungsvermögen zeigen, dass perfekte Technik nicht alles ist.
Auf keinen Fall ist am „ersten Mal" abzulesen, ob man ein guter Liebhaber ist.

6. **Was mache ich beim nächsten Mal anders? Schreibe einen weiteren Tagebucheintrag aus Laras Sicht** *(Laras Tagebuch, Teil 2).*

 **Pille, Kondom ... sonst noch was?**

M 7.1: Sich mit Verhütung auskennen

Nun ist Silvies Traum in Erfüllung gegangen. Sie (15) ist mit Christian (16) zusammen. Die beiden lieben sich ganz heftig, so richtig mit Knutschen, Kuscheln und ein bisschen Fummeln. Aber Silvie hat Angst vor mehr. Neulich kam ihre Mutter geschafft von der Arbeit im Supermarkt und erzählte, dass eine Azubi schwanger sei, mit 17. Ihre Mutter sagte nur: „Komm mir bloß nicht mit 'nem Kind. Mach erst Schule und Lehre fertig!" Aber wenn Christian nun mehr will? So richtig kennt sie sich mit Verhütung nicht aus und sie will auch ihre Mutter nicht direkt danach fragen.

1. Schreibe Möglichkeiten auf, wie sich Silvie vor einer Schwangerschaft schützen kann, ohne dass sie ihre Mutter einweihen muss.

M 7.2: Die Angst vorm Frauenarzt

Silvies Mutter hat die beiden Hand in Hand in der Stadt gesehen. Zu Silvies großer Erleichterung redet die Mutter am Abend offen mit ihr über Liebe, Sex und Verhütung. Sie meint, Silvie solle einen Frauenarzt aufsuchen und sich dort ein sicheres Verhütungsmittel verschreiben lassen.

Silvie weiht ihre Freundin Lotte ein. Die meint, sie würde nicht zum Frauenarzt gehen, weil ...
Christian findet die Idee hingegen super, denn ...

2. Übertrage die beiden unvollendeten Sätze in deinen Hefter und vervollständige sie.

M 7.3: Sichere Verhütungsmethoden

Im Wartezimmer der Frauenarztpraxis findet Silvie einen Aufklärungsflyer zu sicheren und unsicheren Verhütungsmethoden.

3. Gestalte einen solchen Flyer.

 **Schwanger! Was nun?**

M 8.1: Das Testergebnis

Marion ist unruhig, ihre Tage wollen einfach nicht kommen. Sie hat sich aus der Drogerie einen Schwangerschaftstest besorgt.
Das Stäbchen verfärbt sich: Schwanger! Was nun?

1. **Diskutiere mit den anderen Teammitgliedern, an wen Marion sich vertrauensvoll wenden könnte und gestaltet eine Mindmap!**

M 8.2: Rechtliche Regelungen

Marion geht zu ihrer Frauenärztin. Eigentlich will sie das Kind nicht bekommen. Frau Dr. Winter untersucht Marion und bestätigt ihre Schwangerschaft. Das Kind in Marions Bauch ist schon 8 Wochen alt. Frau Dr. Winter erläutert die rechtlichen Regelungen zum Schwangerschaftsabbruch.

Grundgesetz
Artikel 2.1: Jeder hat das Recht auf freie Entfaltung seiner Persönlichkeit ...
Artikel 2.2: Jeder hat das Recht auf Leben und körperliche Unversehrtheit ...

Strafgesetz § 218
- Wer eine Schwangerschaft abbricht, wird mit Freiheitsstrafe bis zu 3 Jahren oder mit Geldstrafe bestraft. ...
- Der Zusatz § 218a sagt aus, dass der Abbruch einer Schwangerschaft nicht bestraft wird, wenn
  - die Schwangere den Schwangerschaftsabbruch verlangt und dem Arzt durch eine Bescheinigung nachweisen kann, dass sie eine Schwangerschaftskonfliktberatungsstelle (z. B. pro familia, Arbeiterwohlfahrt, Diakonie) aufgesucht hat.
  - der Schwangerschaftsabbruch von einem Arzt vorgenommen wird.
  - seit der Empfängnis nicht mehr als zwölf Wochen vergangen sind.
  - Gefahr für Leben und Gesundheit der Schwangeren besteht.
  - die Schwangerschaft Folge eines Missbrauchs oder einer Vergewaltigung ist.

2. **Beschreibe mit eigenen Worten, wie man das Grundgesetz in Bezug auf Schwangerschaft verstehen kann.**

3. **Diskutiere im Team, ob das Grundgesetz auch für ungeborene Menschen gilt!**

4. **Formuliere den § 218 mit eigenen Worten.**

5. **Erkläre, unter welchen Bedingungen ein Schwangerschaftsabbruch straffrei ist.**

6. **Notiere, welche Umstände für Marion zutreffen!**

 Schwanger! Was nun?

M 8.3: Schwangerschaftskonfliktberatung

Einige Tage später sucht Marion eine Schwangerschaftskonfliktberatungsstelle auf. Dort trifft sie Frau Beyer, Seelsorgerin an der Frauen- und Kinderklinik Stendal.

Hier ein Auszug aus einem Gesprächsprotokoll mit Frau Beyer:

> „Bei vielen Frauen und auch Männern herrscht die Auffassung vor, nach einer Abtreibung sei das „größte Problem" aus der Welt geschafft und man könne nun wieder zum Alltag und zu den schönen Seiten des Lebens übergehen. Doch dem ist bei Weitem nicht so.
> Zu den körperlichen Folgen nach einem operativen Schwangerschaftsabbruch zählen: anhaltende Schmerzen im Bauchraum, Verletzungen der Gebärmutter und benachbarter Organe, stärkere Blutungen. Auch Jahre nach dem Eingriff neigen die Frauen zu Komplikationen bei späteren Schwangerschaften und Geburten sowie zu Fehl- und Frühgeburten.
> Für viele Frauen sind aber die seelischen Folgen weitaus belastender. Es fällt ihnen oft schwer, die Symptome von Abtreibungsfolgen zu deuten, da sie ja glauben, nach der Abtreibung „beschwerdefrei" zu sein. Die Symptome werden erst nach langer Zeit als Folge der Verdrängung des bei der Abtreibung Erlebten gesehen. Zwei Drittel der Frauen bedauern später, dass sie ihr Kind getötet haben. Sie leiden unter Schuldgefühlen, Depressionen, Weinkrämpfen, Albträumen, Essstörungen und Alkoholmissbrauch bis hin zu Selbstmordgedanken. Viele Frauen sind in Gedanken bei ihrem Kind, haben ihm einen Namen gegeben, den Geburtstag errechnet, an den sie sich dann jedes Jahr erinnern. Sie denken an Kindergarteneintritt, Einschulung, Jugendzeit und Ähnliches.
> Viele Frauen reden mit mir über ihre Gefühle. Das tut ihnen gut. Und viele sagen auch, was sie damals zur Abtreibung, manchmal auch gegen ihren Willen, gezwungen hat: mangelndes Wissen, dass ihr Kind ein kleiner Mensch und nicht ein „Zellhaufen" ist; dass sie niemand in den Arm genommen und ihnen Mut zugesprochen hat (auch ihr Mann oder Freund nicht); dass sie gar nicht wussten, welche Folgen dieser Schritt auch für sie und ihre Partnerschaft haben würde. Und oft sind es verheiratete Frauen mit gutem Familieneinkommen, die mir solche Dinge erzählen …"

7. **Lies das Gesprächsprotokoll und suche körperliche und seelische Argumente, die gegen einen Schwangerschaftsabbruch sprechen. Schreibe sie auf.**

Station 8   *Schwanger! Was nun?*

M 8.4: Ich muss meine Trauer begraben – *Eva Strittmatter, INTERRUPTIO*

Auf dem Rückweg in der Straßenbahn liest Marion ein Gedicht, ihr kommen Zweifel.

INTERRUPTIO

Ich muss meine Trauer begraben
Um das ungeborene Kind.
Das werde ich niemals haben.
Dämonen pfeifen im Wind
Und flüstern im Regen und speien
Mir grade ins Gesicht.
Und mag auch *Gott* mir verzeihen.
Ich verzeihe mir nicht.
Es hat mich angerufen,
Es hat mich angefleht,
Ich sollt es kommen lassen.
Ich habe mich weggedreht.
Es gab mir kleine Zeichen:
Eine Vision von Haar.
Und zwei, drei Vogellaute
Einer Stimme von übers Jahr.
Ich hätt es sehen können,
Hätt ich es sehen gewollt.
Es war ja in mir entworfen.
Ich aber habe gegrollt
Über die Tage und Jahre,

Die es mir nehmen wird,
Und um meine grauen Haare,
Die Krankheit. Und, wahnwitzverwirrt,
Hab ich mich darauf berufen,
Ich sei *zum Schreiben bestellt.*
Dabei war vielleicht diese Hoffnung
Viel wichtiger für die Welt
Als all meine Selbstverzweiflung
Und die kleinen Siege in Grün,
Die ich dem Leben abringe
Und den Dingen, die dauern und fliehn.
Das schwere Recht der Freiheit
Hab ich für mich missbraucht.
Und hab mich für immer gefesselt.
In Tiefen bin ich getaucht,
In Trauer bis zum Irrsinn.
Es brodelt noch neben mir.
Die unsühnbare Sünde
Unterscheidet mich vom Tier.

(aus: Eva Strittmatter, Sämtliche Gedichte)

8. Unterstreiche mit unterschiedlichen Farben die Gedanken und Gefühle vor und nach dem Schwangerschaftsabbruch.

9. Diskutiere mit den anderen Teammitgliedern, ob eine Freigabe zur Adoption eine Lösung für Marion und ihr Baby sein kann?

Station 9: Kann denn Liebe Sünde sein?

M 9.1: „Passiert" ist nichts

Kevin (16) und Ina (13) sind seit zwei Monaten ein Paar. Kevin macht gerade seinen Realschulabschluss. Ina ist 13 und ist wahnsinnig in Kevin verliebt, er ist so süß und einfühlsam. Letztes Wochenende hatte Kevin sturmfrei und Ina hat heimlich bei ihm übernachtet. Ihre Eltern dachten, dass sie bei Lisa schläft. Doch der kleine Schwindel flog auf. „Passiert" ist nichts, sie haben nur gekuschelt und geknutscht. Aber Inas Eltern sind stinksauer. Sie wollen Kevin wegen sexuellen Missbrauchs anzeigen. Kevin kann das nicht verstehen, Ina wollte es doch auch und schwanger ist sie nicht.

M 9.2. Gesetzliche Regelungen

§ 174 Strafgesetzbuch
Wer sexuelle Handlungen
(1) an einer Person unter sechzehn Jahren, die ihm zur Erziehung, zur Ausbildung oder zur Betreuung in der Lebensführung anvertraut ist,
(2) an einer Person unter achtzehn Jahren, die ihm zur Erziehung, zur Ausbildung oder zur Betreuung in der Lebensführung anvertraut oder im Rahmen eines Dienst- oder Arbeitsverhältnisses untergeordnet ist, unter Missbrauch einer mit dem Erziehungs-, Ausbildungs-, Betreuungs-, Dienst- oder Arbeitsverhältnis verbundenen Abhängigkeit oder
(3) an seinem noch nicht achtzehn Jahre alten leiblichen oder angenommenen Kind vornimmt oder an sich von dem Schutzbefohlenen vornehmen lässt, wird mit Freiheitsstrafe von drei Monaten bis zu fünf Jahren bestraft.

§ 176 Strafgesetzbuch
Sexueller Missbrauch von Kindern
(1) Wer sexuelle Handlungen an einer Person unter vierzehn Jahren (Kind) vornimmt oder an sich von dem Kind vornehmen lässt, wird mit Freiheitsstrafe von sechs Monaten bis zu zehn Jahren bestraft.

1. Lies die Auszüge aus § 174 und § 176 des Strafgesetzbuchs und diskutiere mit den anderen Teammitgliedern, ob Inas Eltern Kevin anzeigen können. Haltet eure Ergebnisse schriftlich fest.

2. Ina ist total erschrocken. Damit hatte sie nicht gerechnet. Um Kevin zu entlasten, formuliert sie eine Aussage für die Polizei.
   Versetze dich in Inas Situation und verfasse eine Aussage.

3. Inas Eltern wollen nur das Beste für ihre Tochter. Was würdest du Inas Eltern raten? Schreibe ihnen einen Brief!

Kann denn Liebe Sünde sein?

M 9.3: ... spürt sie eine Hand zwischen ihren Schenkeln

Saskia ist ein bisschen schüchtern und unscheinbar. Sie hatte noch nie einen Freund und alle anderen Mädchen kennen sich da schon aus. Heute ist sie zu Jenny auf eine Party eingeladen. Als sie ankommt, macht gerade eine Flasche Wodka die Runde, Saskia kann nicht Nein sagen, da könnte sie ja gleich wieder gehen. Nach zwei Runden dreht sich alles um sie und sie kippt nach hinten aufs Sofa. Nach einer Weile spürt sie eine Hand zwischen ihren Schenkeln und der oberste Knopf ihrer Jeans wird geöffnet …

4. Lies die Definitionen zu sexueller Belästigung bzw. sexuellem Missbrauch (M 9.2). Diskutiere mit den anderen Teammitgliedern, ob es sich in Saskias Fall um Belästigung oder Missbrauch handelt. Begründet eure Positionen.

M 9.4: Sexuelle Belästigung und sexueller Missbrauch

Sexuelle Belästigung findet auf vielfältige Weise statt: nervende Blicke, Hinterherpfeifen mit Kommentaren zu Outfit, Figur oder Körperbewegung, Zeigen von pornografischen Gesten. Manchmal kommt es auch zu unerwünschtem Körperkontakt, direkten sexuellen Aufforderungen oder tätlichen Übergriffen.

Beim *sexuellen Missbrauch* nutzt eine Person die Abhängigkeit einer anderen Person aus, um die eigenen sexuellen Bedürfnisse zu befriedigen. Solche Abhängigkeiten entstehen durch Unwissenheit der Opfer, uneingeschränktes Vertrauen oder rechtlich geregelte Beziehungen, in denen Kinder notwendigerweise an Erwachsene gebunden sind, wie z. B. in der Familie, in Vereinen oder auf Ferienfahrten. Betroffen sind Kinder aller Altersstufen. Missbrauch entsteht kaum merklich, dauert oft viele Jahre und ist von außen nur schwer wahrzunehmen. Die Opfer sexueller Gewalt sind zu über 75 % Mädchen, meistens zwischen 7 und 13 Jahren alt, wobei die Gewalt häufig viel früher beginnt.

5. Überlege und beschreibe, welches die Folgen eines sexuellen Missbrauchs für den Täter und für das Opfer sein können. Beachte dabei die Aussagen des Strafgesetzbuchs (M 9.2). Erstelle eine Tabelle.

6. Du bist auf der Party und beobachtest die Szene (M 9.3). Was kannst du tun und was würdest du tun? Entwickle mit deiner Gruppe eine Mindmap.

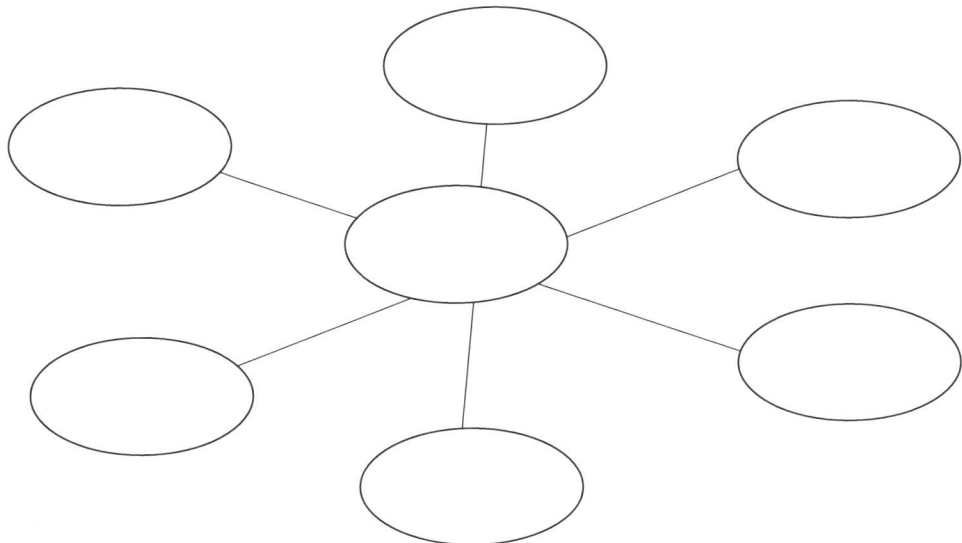

Kann aus Liebe Freundschaft werden?

M 10.1: Es ist aus

Sina (15) ist mit Chris (17) seit mehreren Monaten zusammen. Er ist ihre erste große Liebe, mit ihm hatte sie ihren ersten Sex. Sie ist total begeistert von ihm, liebt seine charmante und coole Art. Er ist einfach ein supersüßer Typ.

Seit einigen Tagen bemerkt Sina jedoch, dass Chris anders geworden ist, er wirkt irgendwie abweisend und uninteressiert. Sie liegt abends im Bett und kann nicht einschlafen. Plötzlich summt ihr Handy, endlich eine SMS von Chris.

Doch Sina glaubt ihren Augen nicht zu trauen, als sie liest:

Es ist aus mit uns hab ne andere können gern freunde bleiben sorry chris

Sina ist verzweifelt.

1. **Versetz dich in Sinas Situation und schreibe einen Brief an Chris, in dem sie ihren Gedanken und Gefühlen freien Lauf lässt.**

2. **Nach einem Anruf von Sina entschließt sich Chris, doch noch einen Brief an sie zu schreiben. Versetz dich in Chris Situation und schreibe diesen Brief.**

3. **Kann aus Liebe Freundschaft werden?**
   Formuliere einen Nachsatz zu beiden Briefen: PS: ...

M 10.2: „Musik hilft, Trauer und Verzweiflung zu überwinden."

4. **Stelle eine Sammlung geeigneter Songs zusammen, die du in ähnlichen Situationen hören würdest!**

5. **Wähle einen Song aus und schreibe die Textstellen auf, die dich dabei besonders bewegen.**

6. **Gestalte zu Musik und Texten eine Collage oder ein Bild.**

 **Für immer glücklich?**

1. Zeichne ein Herz in deinen Hefter und schreibe hinein, welche Eigenschaften du von einem treuen Partner erwartest.

2. Zeichne einen Blitz in deinen Hefter und schreibe hinein, welche Fehler du deinem Freund oder deiner Freundin nicht verzeihen würdest.

M 11.1: Wer von euch noch nie gesündigt hat

Früh am nächsten Morgen war Jesus im Tempel. Viele Menschen drängten sich um ihn. Er setzte sich und lehrte sie. Da schleppten die Bibelkundigen eine Frau heran, die beim Ehebruch überrascht worden war, stießen sie in die Mitte und sagten zu Jesus: „Lehrer, diese Frau wurde auf frischer Tat beim Ehebruch ertappt. In der Tora hat Mose uns befohlen, eine solche Frau zu steinigen. Was meinst du dazu?" Aber Jesus bückte sich nur und schrieb mit dem Finger auf die Erde. Als sie nicht lockerließen, richtete er sich auf und sagte: „Wer von euch noch nie gesündigt hat, soll den ersten Stein auf sie werfen!" Dann bückte er sich wieder und schrieb weiter auf die Erde. Als die Menschen das hörten, gingen sie einer nach dem anderen davon. Schließlich war Jesus mit der Frau allein. Da stand er auf und fragte sie: „Wo sind jetzt deine Ankläger? Hat dich denn keiner verurteilt?" „Nein, Herr", antwortete sie. „Dann verurteile ich dich auch nicht", entgegnete ihr Jesus. „Geh, aber sündige nun nicht mehr!"

nach Joh 8, 2–11

3. Fasse die Geschichte mit eigenen Worten kurz zusammen.

4. Erkläre, was Jesus mit *„Wer von euch noch nie gesündigt hat, soll den ersten Stein auf sie werfen!"* (Z. 8/9) den anderen klar machen will.

5. Könntest du einen Treuebruch verzeihen? Begründe deine Meinung mit mindestens vier Sätzen.

6. Überlege, welche Stärken und welche Schwächen du in eine Partnerschaft einbringst. Schreibe jeweils drei auf.

Für immer glücklich?

M 11.2: Danach *(von Theobald Tiger)*

Es wird nach einem Happy-end
im Film jewöhnlich abjeblendt.
Man sieht bloß noch in ihre Lippen
den Helden seinen Schnurrbart stippen –

da hat sie nu den Schentelmen …
Na, un denn –?

Denn jehn die Beeden brav ins Bett.
Na ja … diss is ja auch janz nett.
A manchmal möcht man doch jern wissen:
Wat tun se, wenn se sich nich kissen?

Die könn ja doch nich imma penn …!
Na, un denn?

Denn säuselt im Kamin der Wind.
Denn kricht det junge Paar n Kind.

Denn kocht sie Milch. Die Milch looft üba.
Denn macht er Krach. Denn weent sie drüba.
Denn wolln sich Beede jänzlich trenn …
Na, un denn?

Denn is det Kind nich uffn Damm.
Denn bleihm die Beeden doch zesamm.

Denn quäln se sich noch manche Jahre.
Er will noch wat mit blonde Haare:
vorn dof und hinten minorenn* …
Na, un denn?

Denn sind se alt. Der Sohn haut ab.
Der Olle macht nu ooch bald schlapp.
Vajessen Kuß und Schnurrbartzeit –
Ach, Menschenskind, wie liecht det weit!
Wie der noch scharf uff Muttern war,
det is schon beinah nich mehr wahr!

Der olle Mann denkt so zurück:
Wat hat er nu von seinen Jlück?
Die Ehe war zum jrößten Teile
vabrühte Milch un Langeweile.

Un darum wird beim Happy-end
im Film jewöhnlich abjeblendt.

* (d. h. minderjährig)

---

1. Diskutiert gemeinsam im Team, warum nach einem herrlichen Liebesfilm mit dem „Happy End" der Film zu Ende ist, obwohl die Liebesbeziehung gerade erst beginnt.

Liebestest

Walter Womacka: Am Strand, 1962

1. **Kreuze an!**

    Das ist ein Liebespaar. ☐

    Das ist kein Liebespaar. ☐

2. **Begründe deine Entscheidung ausführlich.**

Bild- und Textquellennachweis

S. 10   Petrus Christus: Bildnis einer jungen Dame, ca. 1450
        http://upload.wikimedia.org/wikipedia/commons/9/97/Petrus_Christus_006.jpg
        (Zugriff: 13.10.2010).

S. 14   Christoph Meckel: Licht
        © nymphenburger in der F. A. Herbig Verlagsbuchhandlung GmbH, München 1982.

S. 10   Peter Paul Rubens: Ankunft der Maria de'Medici in Marseille (Detail), um 1622–1625
        http://commons.wikimedia.org/wiki/File:Peter_Paul_Rubens_034.jpg
        (Zugriff: 13.10.2010).

S. 23   Eva Strittmatter: INTERRUPTIO
        aus: Eva Strittmatter: Sämtliche Gedichte
        © Aufbau Verlag GmbH & Co. KG, Berlin 2006
        (dieses Gedicht erschien erstmals in E. S.: Zwiegespräch, 1980, Aufbau Verlag;
        Aufbau ist eine Marke der Aufbau Verlag GmbH & Co. KG).

S. 28   Kurt Tucholsky unter dem Pseudonym Theobald Tiger: Danach, Berlin 1930
        http://de.wikisource.org/wiki/Danach_%28Tucholsky%29 (Zugriff: 13.10.2010).

S. 29   Walter Womacka: Am Strand
        © VG Bild-Kunst, Bonn 2010.